青少年创意邮戳设计

主 编：王介明 沈菊林

江苏凤凰教育出版社
Phoenix Education Publishing, Ltd

图书在版编目（CIP）数据

青少年创意邮戳设计 / 王介明，沈菊林主编 .
— 南京 ：江苏凤凰教育出版社，2014.7
ISBN 978-7-5499-4071-4

Ⅰ. ①青… Ⅱ. ①王… ②沈… Ⅲ. ①邮政日戳－设计－青少年读物 Ⅳ. ①G894.1-49

中国版本图书馆CIP数据核字(2014)第107281号

书　　名 青少年创意邮戳设计
主　　编 王介明　沈菊林
责任编辑 午新生　雷利军　孙　建
出版发行 凤凰出版传媒股份有限公司
江苏凤凰教育出版社（南京市湖南路1号A楼　邮编210009）
苏教网址 http://www.1088.com.cn
照　　排 红十月图文设计有限公司
印　　刷 三河市九洲财鑫印刷有限公司
厂　　址 河北省三河市灵山大口
开　　本 787毫米×1092毫米　1/16
印　　张 3
字　　数 59千字
版　　次 2014年7月第1版 2014年7月第1次印刷
书　　号 ISBN 978-7-5499-4071-4
定　　价 12.00元
网店地址 http://jsfhjycbs.tmall.com
邮购电话 025-85406265，85400774　短信 02585420909
E － mail jsep@vip.163.com
盗版举报 025-83658579

序言

20世纪80年代，我校开展的集邮兴趣活动已经在学生身上迸发出了“实践与经验”的“火花”。新世纪初，特别是在新课程改革的“东风”里，少年邮局课程建设获得了较好的发展。

2004年3月，太仓市首家少年邮局诞生。散发着油墨芳香的各类宣传、纪念邮戳经学生之手，走出太仓，走向五湖四海，深受海内外好评。

2006年12月，我校主编的《少年邮局》校本教材由上海教育出版社正式发行。

近年来，我校在少年邮局校本课程建设中，在原有基础上进一步挖掘《邮戳文化》活页读物的课程价值，努力体现思想性、活动性、过程性，并在读物编辑上有意识地适度“留白”，为课程的后续开发拓展空间。

通过少年邮局《邮戳文化》校本活页读物课程的实施，使学生了解以邮戳为载体的少年邮局课程文化，实现课程的多元开发，培养学生的创新精神、实践能力和社会责任感，提高学校和教师的课程领导力。

一是在课程实施中实现“多元”。学校将少年邮局《邮戳文化》校本活页读物课程纳入“综合实践活动课程”“学科教学中的研究性学习”“班会课”“校外教育”统一实施和管理，保证在校本推进“初一年级综合实践活动课程”的刚性课时数每学期不少于10课时，在推进“学科教学中的研究性学习”“班会课”“校外教育”的弹性课时每学期累计不少于10课时。

二是在课程开发中实现“多层”。一度开发主体：教材编写教师；二度开发主体：课程实施教师；三度开发主体：课程实施学生；其他开发主体还包括在课程实施过程中邀约的专家、家长或社会人士。

三是在课程方式中实现“多样”。注重课程方式与“思想品德教育”相结合、与“各科教学”相结合、与“团、队活动”相结合、与“节日、纪念日”相结合。

四是在课程评价中实现“多维”。少年邮局《邮戳文化》校本活页读物课程评价实行“学生评价、教师评价为主”与“家长评价、专家评价、社会邀约人士评价”为辅相结合的方式，侧重于过程性评价，在课程评价过程中注重培养学生的创新精神、实践能力和社会责任感，重点体现“参与、体验、实践、创新、责任”等维度的评价。

活页读物课程的体系结构包含课题名称、邮戳主题、邮戳图案、背景解读、学生感悟、教师评价等单元。学生在活动过程中，可以邀约老师、同伴、家长或社会人士共同参与，从“参与、体验、实践、创新、责任”等其中的某一个维度或其他维度将自己参与活动的简要过程和感悟以文字的形式加以表述或者以其他方式来表述，并请老师给予评价。

王介明 沈菊林

2014年3月4日

目录

让邮戳

烙下我们成长的印记

（2011年9月—2012年11月）

三人行，必有吾师

2011年“教师节”连体宣传邮戳

【背景解读】

2011年9月10日，双凤少年邮局使用“教师节”连体宣传系列邮戳。邮戳图案是根据《太仓日报》“太仓教育”版标识改编的装饰画，用“T、C、J、Y”（“太仓教育”各文字第一个拼音字母）组合而成。画中有太阳、空气（图中含有拼音字母“K”“Q”）、水、粗壮的幼苗，象征着广大青少年在党的阳光雨露下，接受好的学校教育，健康成长；还有海浪、宝船，则代表着太仓是郑和下西洋的起锚地。中间宣传文字为“实现教育均衡发展，提升职教服务地方能力。”这是当前我国教育改革要完成的主要任务之一，也是太仓市教育局目前正在实施的两项工作。右为“太仓健雄路”临时邮资日戳。

太仓健雄路是太仓市科教新城健雄职业技术学院旁边的一条大道，以世界著名物理学家吴健雄的名字命名。连体邮戳透露着很强的专题信息，值得全国广大集邮爱好者收集。邮戳规格为68毫米×25毫米，红色或黑色加盖，使用一天。

【学生感悟】

（在活动过程中，你可以邀约老师、同伴、家长或社会人士共同参与。请你从“参与、体验、实践、创新、责任”等其中的某一个维度或其他维度将你参与活动的简要过程和感悟以文字的形式加以表述或以其他方式来表述，并请老师给予评价。）

【教师评价】

（含“参与、体验、实践、创新、责任”等维度。）

追求“天人合一” 永攀科学高峰

“祝贺‘天宫一号’发射成功”连体邮戳

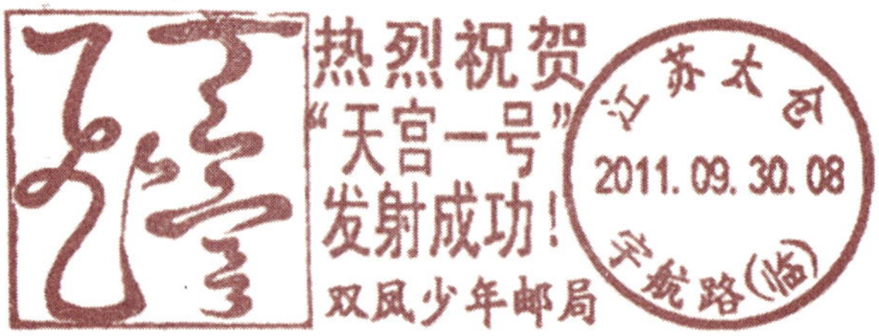

【背景解读】

我国“天宫一号”目标飞行器于2011年9月29日晚成功发射。9月30日，太仓双凤少年邮局使用连体邮戳祝贺。邮戳左图为一枚“天宫飞”印章，中间为祝贺文字，右方为“宇航路”地名临时邮政日戳。邮戳规格为68毫米×25毫米，红色加盖，使用一天。

全国使用“天宫一号”成功发射的纪念邮戳图、连体邮戳图，一般均使用“天宫一号”飞行图。双凤少年邮局不一般化，而是改用草书体“天宫飞”印章，寓意深刻。我国古人的“天”用“一”示意。《说文解字》中解释：天就是人头顶上的无垠的空间。天的意象是通过人的形象来体现，就是古人“天人合一”的朴素含义。中国草书中的“天”字，就是人头顶上的无垠“一”，非常形象地表达“天人合一”。“天人合一”的思想就是追求“高远”“宽广”“深邃”，即“站得高，看得远”（儒家思想）、“进得宽，想得开”（道家思想）、“行得深，放得下”（佛家思想）。“天宫一号”的发射，表明中国人民向宇宙又迈出了一大步，追求

“高远”“宽广”“深邃”的“天人合一”的思想境界，不断攀登科学高峰，创造人间奇迹。邮戳中的草书“天宫飞”，一方面记录我国“天宫一号”成功发射的历史，另一方面表达中国人民追求的是“天人合一”的思想境界，不断攀登科学高峰，实现飞天的梦想。

邮戳中草书印章“天宫飞”文字呈“U”形编排，显得稳重、扎实，寓意中国人民实现飞天的梦不动摇，并稳步推进。印章边框作了艺术处理，在“天”字上边线上开了一个口，一方面使得章内文字“通气”、变得“灵活”；另一方面使得印章通“天”，寓意人类通天之梦就是飞天宫之梦实现。草书具有运动美、力量美、速度美、飘逸美、施展美。草书“天宫飞”文字的美丽，又形象表达了真实的“天宫一号”目标飞行器的美丽。

连体邮戳左印章为“天”方，右圆形路名日戳为“地”圆，两者合起来表达古人“天方地圆”的认识，而现代人对“天”“地”“星球”的了解要通过走“宇航路”来完成，揭示人类对宇宙认识的进步。

学生收集这枚邮戳，可以了解我国航天事业发展的历史，欣赏草书书法作品，学习邮戳中所蕴含的哲理，在人生道路上追求“高远”“宽广”“深邃”的“天人合一”的思想境界，拒绝平庸，开拓进取。在学习和工作中不断创新，不断攀登科学高峰，实现自己的美好理想，为祖国做出应有的贡献。

【学生感悟】

（在活动过程中，你可以邀约老师、同伴、家长或社会人士共同参与。请你从“参与、体验、实践、创新、责任”等其中的某一个维度或其他维度将你参与活动的简要过程和感悟以文字的形式加以表述或以其他方式来表述，并请老师给予评价。）

【教师评价】

（含“参与、体验、实践、创新、责任”等维度。）

天下为公

“辛亥革命一百周年”宣传邮戳

【背景解读】

2011年10月10日，是中国辛亥革命运动一百周年纪念日。中国邮政特发行纪念邮票。为配合宣传，双凤少年邮局使用宣传邮戳两枚（见图所示）。宣传文字为“天下为公”“辛亥革命一百周年”。一枚“为”字为繁体（“天下为公”为孙中山手迹），一枚“为”字为简体。规格为20毫米×66毫米和22毫米×66毫米，红色或黑色加盖，使用时间为2011年10月10日至12月31日。该宣传邮戳只能加盖在封发及落地邮件的空白处。该宣传邮戳仿我国清代、民国时期的信柜（矩形）戳设计，显得古朴。戳上的使用邮局、使用时间、宣传主题都很明确，能使收集者一目了然，具有收藏和使用价值，这也是对同学们的一次爱国主义教育。

辛亥革命是伟大的资产阶级革命家孙中山领导的一次具有划时代意义的革命运动，它推翻了两千余年的封建皇权制度，建立了亚洲第一个民主共和国。同学们通过收集这枚宣传邮戳，可以进一步去学习中国辛亥革命的相关知识。

【学生感悟】

（在活动过程中，你可以邀约老师、同伴、家长或社会人士共同参与。请你从“参与、体验、实践、创新、责任”等其中的某一个维度或其他维度将你参与活动的简要过程和感悟以文字的形式加以表述或以其他方式来表述，并请老师给予评价。）

【教师评价】

（含“参与、体验、实践、创新、责任”等维度。）

浩瀚太空“穿针引线”

“神舟八号”与“天宫一号”成功对接连体邮戳

【背景解读】

2011年11月1日5时58分07秒，“神舟八号”飞船点火发射。经过583秒后，“神舟八号”飞船进入预定轨道，至此，我国成功发射“神舟八号”飞船。2011年11月3日凌晨1时36分，“神舟八号”与“天宫一号”目标飞行器成功实现首次交会对接，我国在掌握和突破空间交会对接技术上迈出重要一步。

双凤少年邮局当天使用“热烈祝贺‘神舟八号’与‘天宫一号’在太空交会对接成功!”连体宣传邮戳，红色加盖，使用一天。

【学生感悟】

（在活动过程中，你可以邀约老师、同伴、家长或社会人士共同参与。请你从“参与、体验、实践、创新、责任”等其中的某一个维度或其他维度将你参与活动的简要过程和感悟以文字的形式加以表述或以其他方式来表述，并请老师给予评价。）

【教师评价】

（含“参与、体验、实践、创新、责任”等维度。）

我眼中的邮展

“中国2011—第27届亚洲国际集邮展览”连体邮戳

【背景解读】

2011年11月11日，无锡“中国2011—第27届亚洲国际集邮展览”开幕，纪念邮票发行。为了记录中国集邮史上的大事，太仓市双凤中学少年邮局启用序号“纪11”连体邮戳一枚（见图）。该戳左边为纪念文字，中间图案为《阿福看邮集》，右边为带“纪11”字样邮政日戳。连体邮戳规格68毫米×25毫米，胶质，红色或黑色加盖，使用一天。

连体邮戳中的图为什么不采用这次邮展的会徽、吉祥物，原因有两个：第一，这次邮展的会徽、吉祥物不是十分好看。其次，为了避免大家邮戳设计图案的类同。少年邮局在这枚邮戳设计过程中，首先想到1992年4月17日我国发行JP32《92中国友好观光年》纪念邮资片左方的《无锡阿福》图，那是一个漂亮的小女孩。19年过去了，小女孩应该已经长成一位漂亮的大姑娘了，于是就想到画一幅女青年看邮集图——《阿福看邮集》。女青年阿福肯定略胖、优雅，爱好集邮，创作前首先有一个大概的人物形象。在创作手法上也想来一个突破，借助毕加索立体主义的绘画方式来进行。《阿福看邮集》图中没有画出邮集，而她眼睛所看到的左前方"亚洲国际集邮展览""邮票"文字，抽象地表达女青年阿福是在看邮集。我们细看女青年阿福，脸部是由两个女青年的半脸合起来的，从肩部所穿的衣服也可以区分是两个人，这就是毕加索绘画风格。这次国际邮展的吉祥物是"无锡泥人——阿福"，邮戳中是真人版"无锡女青年——阿福"，同样具有"智慧、健康、开放、动感、时尚、和谐"的美好品质。邮戳中的阿福更是饱含了优雅、时尚的内涵，极力表现中国集邮后继有人。

邮政日戳中年份、月份、日期、时间、出现了四个"11"，是双凤少年邮局继2005年开始系列数字趣味日戳。序号中再添加一个"11"，继2008年开始的，2012年再计划使用一枚就结束这种数字趣味日戳。

同学们在收集邮戳的同时，学习绘画知识，了解《中国2011—第27届亚洲国际集邮展览》邮票上的知识，了解中国2011—第27届亚洲国际集邮展览情况。何谓毕加索的"立体主义"？希望同学们在网上和书本上寻找。

【学生感悟】

（在活动过程中，你可以邀约老师、同伴、家长或社会人士共同参与。请你从"参与、体验、实践、创新、责任"等其中的某一个维度或其他维度将你参与活动的简要过程和感悟以文字的形式加以表述或以其他方式来表述，并请老师给予评价。）

【教师评价】

（含“参与、体验、实践、创新、责任”等维度。）

写给二十年后的我

“写给二十年后的我”书信文化活动专用连体邮戳

【背景解读】

2011年年底，太仓市双凤中学开展“规划人生，谱写未来——‘写给二十年后的我’书信文化活动”。活动对象为在校全体学生，活动时间：2011年12月19日—12月30日。活动方式：由双凤少年邮局免费提供信封和信笺，学生利用课余时间按要求写一封“写给二十年后的我”的信，投到少年邮局营业处。少年邮局统一加盖书信活动专用连体邮戳后，归入学校档案室保存二十年。二十年后，学生可以自行到学校档案室取，也可以与学校联系，付费请学校寄回。

为了使这次书信文化活动开展得更有效，书信更有文化价值及收藏价值，双凤少年邮局特使用“规划精彩人生 谱写美好未来”专用连体邮戳。

邮戳图案内容丰富，含有五角星、正五边形、红心、笑脸、盛开的花朵、黄金三角形、黄金分割线段。其中黄金三角形有十五个（等腰三角形的顶角为36度或底角为36度称为黄金三角形）。中心图案是现代网络博客中的笑脸，揭示人要有良好的心态，笑对人生，在困难和失败面前不低头，要有坚强的信念，要有乐观、积极、健康、向上的一颗心。五个小圆点，表示人生的五个阶段：从儿童生活开始，进入少年、青年生活，然后进入中年生活，最后迈入老年生活。其中，曲线和直线表示人生所走过的路有曲有直、有长有短。人需要对自己的人生认真规划，有规划才有目标，有目标才有方向，有方向才有信心，有信心才有行动，有行动才能走向辉煌。整个图案为一朵盛开的花，也似一个光辉灿烂的太阳，寓意每一个人只要认真规划好人生，定能谱写美好未来。

【学生感悟】

（在活动过程中，你可以邀约老师、同伴、家长或社会人士共同参与。请你从“参与、体验、实践、创新、责任”等其中的某一个维度或其他维度将你参与活动的简要过程和感悟以文字的形式加以表述或以其他方式来表述，并请老师给予评价。）

【教师评价】

（含“参与、体验、实践、创新、责任”等维度。）

龙的传人

《壬辰年》邮票发行纪念邮戳

【背景解读】

2012年1月5日，太仓市双凤中学系列使用（第三年）生肖邮票发行纪念连体邮戳。图案为《少年划龙舟》剪贴画，画面中的少年活泼、快乐，场景感人，寓意传承中华民俗文化后继有人。在临时邮政日戳中有“太仓双凤惠龙桥”，宣传了太仓龙的地名。惠龙（给人好处的龙）桥位于双凤镇西二里，以前为石拱桥，现为水泥桥。邮戳规格为68毫米×25毫米，红色或黑色加盖，使用一天。

【学生感悟】

（在活动过程中，你可以邀约老师、同伴、家长或社会人士共同参与。请你从“参与、体验、实践、创新、责任”等其中的某一个维度或其他维度将你参与活动的简要过程和感悟以文字的形式加以表述或以其他方式来表述，并请老师给予评价。）

【教师评价】

（含“参与、体验、实践、创新、责任”等维度。）

传承 创新 成长

“龙狮馆”印刷品钥匙形连体邮戳

【背景解读】

太仓市双凤中学少年邮局于龙年（2012年）春节使用“龙狮馆”印刷品钥匙形连体邮戳（见图）。该枚连体邮戳左图为龙灯的龙头，寓意“神龙见首不见尾”。“印刷品”矩形框和圆形邮政日戳组合成钥匙形，寓意打开生肖集邮知识大门的钥匙。邮政日戳上印有“太仓双凤龙狮馆”馆名，意在宣传“太仓市双凤镇是中国民间艺术龙狮之乡”这一文化特色。

2010年8月，双凤镇投资300多万元，建造以龙狮文化为主题的展示馆。龙狮文化展示馆面积500平方米，分序厅、主题通道、龙腾中华、狮舞盛世、凤翔九天等多个部分，并运用了现代声光电、机械传动、媒体播放、幻影成像、动感平台等先进技术，让参观者亲身体验传统舞龙舞狮的魅力。双凤龙狮文化展示馆位于双凤镇文化中心，进门迎入眼帘的是双凤龙狮浮雕，来到龙腾中华展示区就会看到一条名为“奥运龙”的舞龙通过声光感应频频向游客点头示意。展示馆以龙、狮、凤三个双凤特点元素为主线，分为龙腾中华、狮舞盛世、凤翔九天三个展示区域，还设有观众互动区，来馆参观者可以亲身体验舞龙舞狮的感受。

这枚生肖、钥匙形连体邮戳是双凤少年邮局第9枚系列邮戳，带序号“刷09”，规格为70毫米×27毫米，红色或黑色加盖。

【学生感悟】

（在活动过程中，你可以邀约老师、同伴、家长或社会人士共同参与。请你从“参与、体验、实践、创新、责任”等其中的某一个维度或其他维度将你参与活动的简要过程和感悟以文字的形式加以表述或以其他方式来表述，并请老师给予评价。）

【教师评价】

（含“参与、体验、实践、创新、责任”等维度。）

点亮生命之烛

“生命手拉手”宣传邮戳

【背景解读】

为了使身患重症却一心向学的我校初二（5）班的倪章欢同学早日回到课堂，双凤中学少年邮局于2012年3月5日学雷锋日使用“生命手拉手”连体宣传邮戳一枚，图案为“小花、生命之心、手拉手”组成，呼吁社会各界至善、爱心人士能慷慨解囊，为挽救这个年轻的生命而共同努力。连体宣传邮戳使用一个月，首日当天可盖销邮票、邮资图寄发。连体邮戳规格为68毫米×25毫米，红色加盖。

【学生感悟】

（在活动过程中，你可以邀约老师、同伴、家长或社会人士共同参与。请你从“参与、体验、实践、创新、责任”等其中的某一个维度或其他维度将你参与活动的简要过程和感悟以文字的形式加以表述或以其他方式来表述，并请老师给予评价。）

【教师评价】

（含“参与、体验、实践、创新、责任”等维度。）

做一个合格的共产主义接班人

纪念共青团成立九十周年连体邮戳

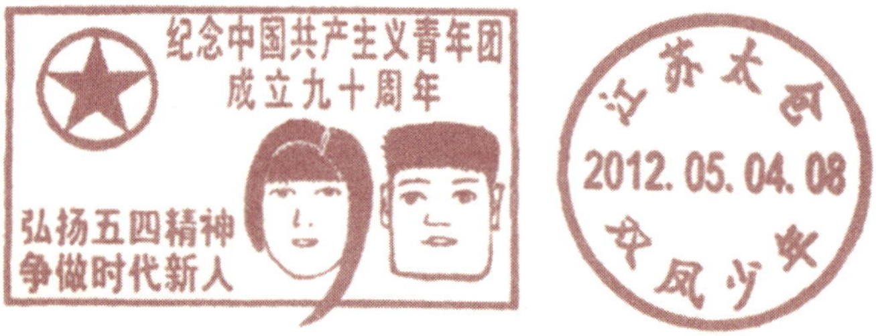

【背景解读】

2012年5月4日是中国共产主义青年团成立九十周年纪念日，我国发行纪念邮票一套，双凤少年邮局积极配合宣传，使用纪念连体邮戳一枚。邮戳图案为中国共产主义青年团旗帜，团旗下有一对男女青年的头像，两人头像又是“90”数字。邮戳中上方为纪念文字“纪念中国共产主义青年团成立九十周年”，左下方为宣传文字“弘扬五四精神　争做时代新人”。该枚邮戳设计为原创作品，构思新颖，人物富有青春朝气。该连体邮戳红色加盖，使用一天。

【学生感悟】

（在活动过程中，你可以邀约老师、同伴、家长或社会人士共同参与。请你从“参与、体验、实践、创新、责任”等其中的某一个维度或其他维度将你参与活动的简要过程和感悟以文字的形式加以表述或以其他方式来表述，并请老师给予评价。）

【教师评价】

（含“参与、体验、实践、创新、责任”等维度。）

关爱残疾人　传递正能量

“太仓市第二届残疾人文体艺术节”连体纪念邮戳

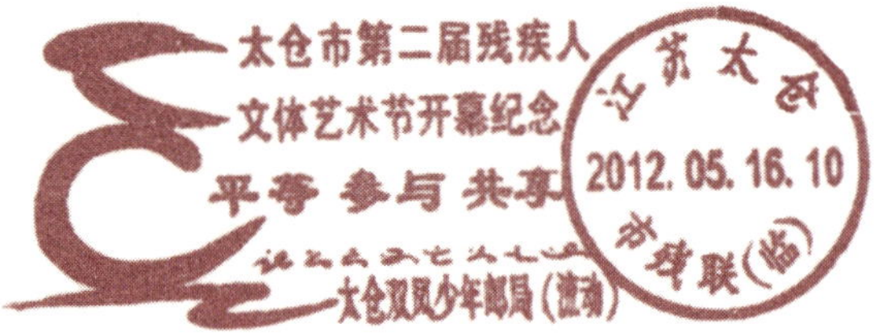

【背景解读】

2012年5月16日，太仓市第二届残疾人文体艺术节开幕。双凤中学少年邮局为配合太仓市宣传部、市残联做好宣传工作，特使用连体纪念邮戳一枚。图案为残疾轮椅运动员参加比赛的英姿（国内外残疾人运动会比赛，标志通常用轮椅运动员运动图案表示），简笔图案中含有“太”“仓”汉语拼音中的第一个字母“T”“C”和数字“2”，其中“C”也是“残”的汉语拼音的第一个字母。图案均为原创作品，极力体现残疾人积极向上、自强、自立、勇于拼搏的精神。连体邮戳中上方为纪念文字，中间为宣传语“平等　参与　共享”，宣传语下方为各种体育运动人物简笔画。该邮戳于2012年5月16日当天流动至开幕式现场使用，红色加盖。

【学生感悟】

（在活动过程中，你可以邀约老师、同伴、家长或社会人士共同参与。请你从“参与、体验、实践、创新、责任”等其中的某一个维度或其他维度将你参与活动的简要过程和感悟以文字的形式加以表述或以其他方式来表述，并请老师给予评价。）

【教师评价】

（含“参与、体验、实践、创新、责任”等维度。）

吴健雄——太仓人民的骄傲

“纪念物理学家吴健雄女士诞辰100周年”连体邮戳

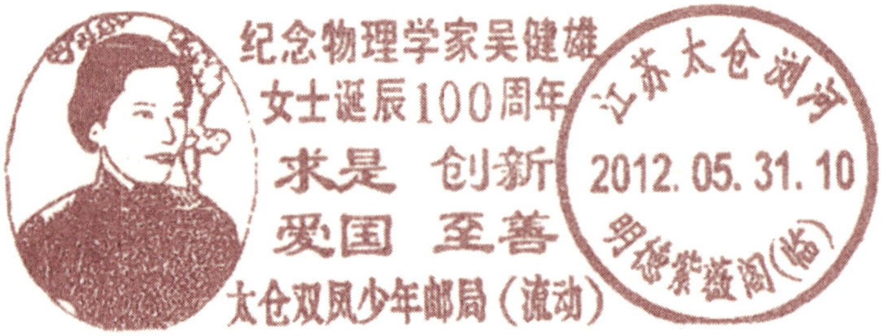

【背景解读】

2012年5月31日是世界杰出的物理学家吴健雄女士诞辰100周年纪念日，太仓市双凤中学少年邮局流动使用连体纪念邮戳一枚。邮戳左图为吴健雄女士于20世纪40年代的人物图，背景为紫薇花。邮戳中上方为纪念文字，纪念文字下方为我们弘扬的健雄精神“求是 创新 爱国 至善”。临时邮政日戳的地名为“太仓浏河明德紫薇阁”。2012年5月31日，该邮戳将流动到浏河镇明德学校紫薇阁，为参加纪念活动的各界人士、市民、集邮爱好者服务。双凤少年邮局指导教师又为太仓市邮政局设计一枚“物理学家吴健雄女士诞辰100周年”纪念邮戳，也同时流动使用。

【学生感悟】

（在活动过程中，你可以邀约老师、同伴、家长或社会人士共同参与。请你从“参与、体验、实践、创新、责任”等其中的某一个维度或其他维度将你参与活动的简要过程和感悟以文字的形式加以表述或以其他方式来表述，并请老师给予评价。）

【教师评价】

（含“参与、体验、实践、创新、责任”等维度。）

“海上丝绸之路”再现辉煌

“郑和下西洋催生明代家具的辉煌”连体宣传邮戳

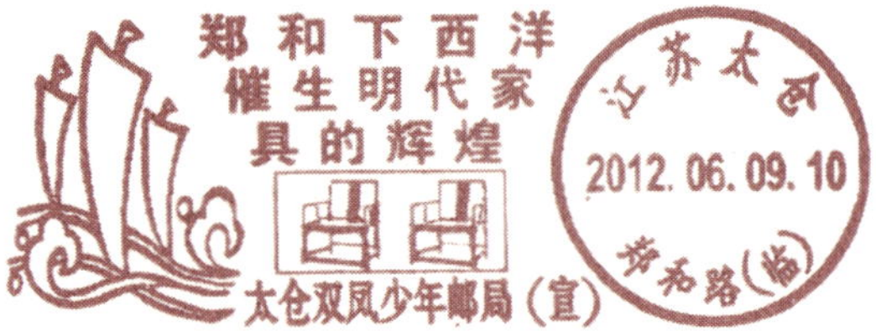

【背景解读】

2012年7月11日是郑和下西洋607周年纪念日，2012年6月9日我国《明清家具——承具》特种邮票发行，为了配合宣传，双凤中学少年邮局使用“郑和下西洋催生明代家具的辉煌”连体宣传邮戳一枚。邮戳左图为郑和率领的大宝船队扬帆高张，顺着如意的风和浪花下西洋。连体邮戳中间上方为宣传文字，中下方为明代紫檀南宫帽椅。

邮戳右方为“太仓郑和路”临时邮政日戳。连体邮戳规格为66毫米×25毫米，红色或黑色加盖一天。2012年6月9日是星期六，该邮戳上午流动到市集邮公司门市部，下午流动到市集邮协会活动室。邮戳有很好的“郑和下西洋”“中国家具的发展”等专题信息，双凤少年邮局将热情为广大中小学生、集邮爱好者服务。

郑和下西洋不仅促进了中外文化交流和技术交流，也从盛产高级木材的南洋各国运回了大量的花梨木、紫檀木等家具原材料。“红木中国国家标准”的第一起草人杨家驹说：“郑和七下西洋，曾到过越南、印尼西亚的爪哇和苏门答腊、斯里兰卡、印度和非洲东海岸，给这些国家带去了中国的丝绸和瓷器，而带回中国的主要就是红木，因为红木分量重，正好做压舱之用。”郑和下西洋使海外的优质硬木大量输入中国，促使苏州、杭州等江南地区在宣德年间木材加工业的兴盛，西洋各国的硬木传统装饰艺术也由郑和船队传到中国，最终催生了明式家具的辉煌。

【学生感悟】

（在活动过程中，你可以邀约老师、同伴、家长或社会人士共同参与。请你从“参与、体验、实践、创新、责任”等其中的某一个维度或其他维度将你参与活动的简要过程和感悟以文字的形式加以表述或以其他方式来表述，并请老师给予评价。）

【教师评价】

（含“参与、体验、实践、创新、责任”等维度。）

向航天英雄致敬

“‘神舟九号’胜利返回”宣传邮戳

【背景解读】

我国“神舟九号”预定2012年6月29日返回地面，太仓市双凤中学在2012年6月30日使用“向航天英雄景海鹏、刘旺、刘洋致敬！”连体宣传邮戳一枚，由于“神舟九号”返回地面图案无法确定，邮戳图案使用草书作品“喜迎神九返回地面”。草书具有运动美、力量美、速度美、飘逸美、施展美。草书文字的美丽又形象展示了真实的“神舟九号”航天飞行器的美丽。临时邮政日戳地名为“太仓宇航路”，有很好的专题信息。“喜迎神九返回地面” 草书作品是少年邮局指导教师的原创作品。草书文字和宣传文字表达了我国人民对这三位航天英雄的敬意。该连体邮戳使用一天，当天流动到太仓市集邮公司门市部，红色或黑色加盖。

【学生感悟】

（在活动过程中，你可以邀约老师、同伴、家长或社会人士共同参与。请你从“参与、体验、实践、创新、责任”等其中的某一个维度或其他维度将你参与活动的简要过程和感悟以文字的形式加以表述或以其他方式来表述，并请老师给予评价。）

【教师评价】

（含“参与、体验、实践、创新、责任”等维度。）

弘扬中华赏玉文化

中华玉文化宣传邮戳

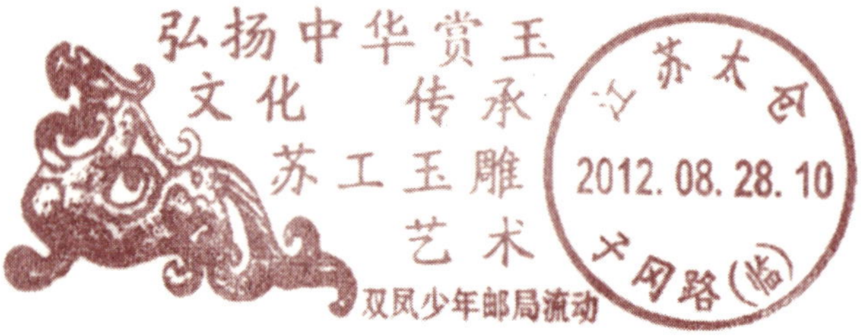

【背景解读】

2012年8月28日，我国《和田玉》邮票发行，双凤中学少年邮局配合宣传使用连体宣传邮戳一枚。邮戳左图为中国汉代早期龙形玉佩，中间为宣传文字“弘扬中华赏玉文化 传承苏工玉雕艺术”，右为“太仓子冈路”临时邮政日戳。子冈路位于太仓科教新城区，为纪念太仓玉雕名人陆子冈而命名。邮戳有很好的专题信息，为宣传中华玉文化、太仓名人作出了努力。

陆子冈(生卒年不详)，太仓人。一作子刚。明代著名琢玉工艺家、雕刻家。移居苏州。创作活动于万历(1573—1620)年间。善琢玉，精选玉材，多用青玉，也用白玉。制作的器物多系实用品，常见有盒、花插、发簪、茶具、香炉和仿古器物。器形多样，造型规整，古雅精致，技艺高超；立雕、镂雕、浅浮雕，剔地阳纹、阴线刻无所不能。所制玉器上常有草、行书铭文诗句，字体遒劲清秀，多用图章式篆、隶体印款，有

"子冈、子刚、子刚制"三种。曾琢玉水仙簪，玲珑奇巧，花托下茎枝，细如毫发而不断。徐渭的《徐文长集》有"题水仙簪诗五首"，其中一首有"昆吾锋尽终难似，愁煞苏州陆子冈"之句，可见名震于时。传世作品有《梅花纹茶晶花插》、《青玉合》（刻有"明月松间照，清泉石上流"句）、《青玉雕琴式合》，均藏于北京故宫博物院。1962年，北京文物工作队发掘清皇室墓得玉杯一件，杯柄上有"子冈"款，杯身及杯盖雕满精致纹饰，盖面上有三个圆雕的狮子，造型精美。

【学生感悟】

（在活动过程中，你可以邀约老师、同伴、家长或社会人士共同参与。请你从"参与、体验、实践、创新、责任"等其中的某一个维度或其他维度将你参与活动的简要过程和感悟以文字的形式加以表述或以其他方式来表述，并请老师给予评价。）

【教师评价】

（含"参与、体验、实践、创新、责任"等维度。）

寻找最美乡村教师

2012年“教师节”连体宣传邮戳

【背景解读】

为配合《光明日报》、中央电视台主办的走基层“寻找最美乡村教师”活动宣传，2012年教师节，双凤中学少年邮局使用连体宣传邮戳。邮戳左图为这次活动的宣传标识，中间为宣传文字。其中“教师是知识的传播者和创造者”是2010年原国务院总理温家宝在全国教育工作者会议上所讲的话。该连体宣传邮戳内容紧扣我国当前教育发展的要求。该邮戳使用一天，红色加盖。

【学生感悟】

（在活动过程中，你可以邀约老师、同伴、家长或社会人士共同参与。请你从“参与、体验、实践、创新、责任”等其中的某一个维度或其他维度将你参与活动的简要过程和感悟以文字的形式加以表述或以其他方式来表述，并请老师给予评价。）

【教师评价】

（含“参与、体验、实践、创新、责任”等维度。）

“粮食银行”服务农民

2012年“世界粮食日”连体宣传邮戳

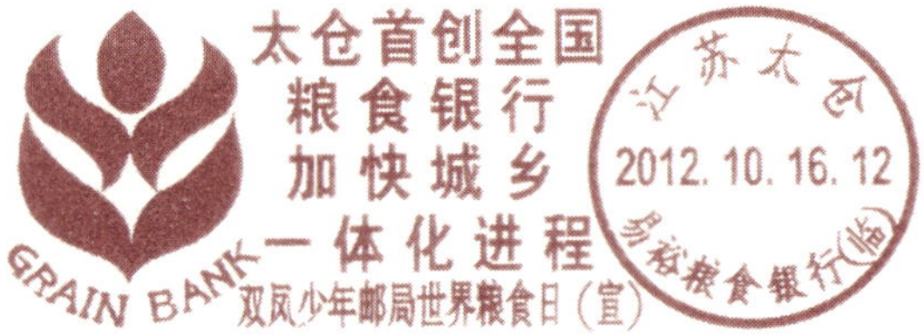

【背景解读】

10月16日是世界粮食日，太仓市双凤中学少年邮局使用连体宣传邮戳一枚。邮戳左图为粮食银行标识，“GRAIN BANK”（英文“粮食银行”）。中间为宣传文字“太仓首创全国粮食银行 加快城乡一体化进程”，右面为“太仓易裕粮食银行”临时邮政日戳。邮戳有很浓的粮食专题信息。

太仓的农民将稻谷、小麦和油菜籽存入“粮食银行”，然后拿到储粮卡，可以随时到“粮食银行”的服务网点——“放心粮油店”里刷卡取粮和取油，这已成为农民生活的新时尚。太仓首家“易裕粮食银行”成立于2007年5月18日，现在已发展到8家，服务网点58个，服务农户占全市农户总数的80%。

社会主义新农村建设，加快了农户向各类新型社区集中居住。居住条件和环境进一步改善，农民自家储存口粮的传统模式已不适应现代农村居住环境的要求。农村居民需要代为储备口粮，因此，“粮食银行”应运而生。

按照“粮权在农、管理在行、监督在局、效益共享”的经营原则，农民将粮食就近存入粮食购销企业收购库点，“粮食银行”按照粮食行政管理部门核定的基准兑换率折算成相应的成品粮油，记录在农民的储粮存折上。农户根据需要随时到“粮食银行”服务窗口兑换成品粮油或出售、提取原粮。

几年来的实践，太仓“粮食银行”已经彰显利国、利民、利企的积极作用。

【学生感悟】

（在活动过程中，你可以邀约老师、同伴、家长或社会人士共同参与。请你从“参与、体验、实践、创新、责任”等其中的某一个维度或其他维度将你参与活动的简要过程和感悟以文字的形式加以表述或以其他方式来表述，并请老师给予评价。）

【教师评价】

（含“参与、体验、实践、创新、责任”等维度。）

走在社会主义康庄大道上

"喜庆十八大"连体宣传邮戳

【背景解读】

2012年11月8日，中国共产党第十八次全国代表大会在北京召开，我国发行纪念邮票一套，小型张一枚。双凤中学少年邮局流动至太仓市集邮门市部，使用"喜庆十八大 迈向现代化"连体宣传邮戳一枚，为广大集邮者、市民、学生服务。邮戳图案为放光芒的中国共产党党徽，连体邮戳中下方有"双凤少年"文字，寓意党是阳光我（少年）是苗，在党的阳光照耀下，我国广大青少年健康快乐成长。中间宣传文字是配合苏州、太仓及江苏其他城市的实际能力宣传的，目前全国建设的目标是建成小康社会，而苏州、太仓及江苏其他城市的建设目标是迈向现代化社会。在临时邮政日戳中带"北京路"地名，表示党的十八大在北京召开，也表明中国人民所走的路是党中央所指的路（即北京路），即中国特色社会主义康庄大道。邮戳记录中国特色社会主义建设的进程，专题信息强，也是初中《思想品德》等学科教学的课程资源。

【学生感悟】

（在活动过程中，你可以邀约老师、同伴、家长或社会人士共同参与。请你从“参与、体验、实践、创新、责任”等其中的某一个维度或其他维度将你参与活动的简要过程和感悟以文字的形式加以表述或以其他方式来表述，并请老师给予评价。）

【教师评价】

（含“参与、体验、实践、创新、责任”等维度。）

后记

教育家布鲁姆曾经指出：教育者的基本态度应是选择适合儿童的教育，而不是选择适合教育的儿童。我校从千年古镇的文化积淀、半个世纪的办学经历、十多年的特色活动的视角出发，以“人人都有特色潜能，人人都能创造特色”的理念，创办了太仓市首家少年邮局，为学校走向内涵发展之路创设了一个新的平台。如何帮助学生“打理”在校7小时内外的“闲暇”？我们在实施少年邮局校本课程的过程中，努力让其成为学生最喜爱的课程。

一枚邮戳、一个课题，一个课题、一段经历。学生从自己的生活和兴趣出发，选题、分组、设计方案、开展调查、交流分享、组织展示，小小的“邮戳”，推开了学生了解“我与自我、他人、自然、社会”的一扇扇“窗”。

在上级领导和专家的关心支持下，《邮戳文化》项目组通过收集资料、确定体系、谋篇布局、几易其稿，形成了这本小册子。囿于编者的水平与学识，本书内容还有不尽完善之处，希望有识之士不吝赐教！

在本书的编写过程中，我们参阅了大量资料，限于种种条件，不能一一通知有关编著者，在此表示歉意，同时诚恳希望有关作者见书后与我们取得联系，以便及时酬谢！

本书是集体智慧的结晶。感谢倪夙敏、曹兴龙、朱振娟等同志在编著过程中付出的辛勤劳动！值此出版之际，谨致谢忱！

王介明 沈菊林

2014年3月4日